SACRAMENTO PUBLIC LIBRARY
828 "I" STREET
SACRAMENTO, CA 95814
04/2019

D0764430

SACRAMENTO PUBLIC LIBRARY

Para Holly y Emily
con gratitud

Traducción: Verónica Uribe

Primera edición, 2018

© 2012 Taeeun Yoo
© 2018 Ediciones Ekaré

Todos los derechos reservados

Av. Luis Roche, Edif. Banco del Libro, Altamira Sur. Caracas 1060, Venezuela

C/ Sant Agustí, 6, bajos. 08012 Barcelona, España

Av. Italia 2004. Ñuñoa. Santiago de Chile

www.ekare.com

Publicado originalmente en inglés por Nancy Paulsen Books, una división de Penguin Young Readers Group
Publicado bajo acuerdo con Pippin Properties, Inc. a través de Rights People, London
Título original: *You Are a Lion*

ISBN 978-84-948110-0-5 · Depósito legal B.889-2018
ISBN Chile: 978-956-8868-67-3

Impreso en China por RRD APSL

¡Eres un LEÓN!

Posturas de YOGA para niños

Taeeun Yoo

Cuando el sol asoma
y sus rayos entibian el jardín,
los niños, todos juntos,
saludan a la mañana:
Namasté.

Siéntate

sobre los talones,

pon las manos en las rodillas,
¡saca la lengua!

Eres un...

... LEÓN.

Tu rugido es tremendo,
eres el rey de la selva.
Los árboles tiemblan.

Siéntate

y junta las plantas de los pies.

Sujeta los pies,
¡aletea con las piernas!

Eres una...

... MARIPOSA.

Vuelas y revoloteas
mientras la brisa canta.
Tus alas brillan.

De pie,

con los pies firmes,

dobla la cintura y toca el suelo,
¡alarga la espalda!

Eres un...

... PERRO.

Te estiras al sol
y ladras con tu amigo.
¿A qué jugaremos?

Túmbate
boca abajo,

las manos cerca de los hombros,
¡empuja hacia arriba!

Eres una...

...SERPIENTE.

Sobre la fresca hierba,
te deslizas sin ruido.
Sssssss serpenteas.

En cuclillas,

con las manos en el suelo,

arriba, abajo,
¡salta!

Eres una...

... RANA.

Saltas en la charca
todo el largo día.
De noche, cantas.

Arrodíllate

y pon las manos en el suelo.

Baja la cabeza,
¡arriba la espalda!

Eres un...

... GATO.

Brincas y juegas
maullando a la luna.
Cuando sale el sol, duermes.

De pie,
con los pies separados,

las palmas juntas,
¡arriba!

Eres una…

... MONTAÑA.

Te levantas muy alta,
fuerte y poderosa.
Tocas el cielo.

Acostados muy quietos...
aspiramos los aromas del jardín,
sentimos el silencio.
Mmmmmm...
Namasté.